Cook Memorial Public Library

3 1122 01381 7551

NOV 5 - 2015

Lo que los fósiles
nos enseñan sobre la Tierra

COOK MEMORIAL LIBRARY
413 N. MILWAUKEE AVE.
LIBERTYVILLE, ILLINOIS 60048

Miriam Coleman
Traducido por Marcela Brovelli

PowerKiDS
press.

Nueva York

Published in 2016 by The Rosen Publishing Group, Inc.
29 East 21st Street, New York, NY 10010

Copyright © 2016 by The Rosen Publishing Group, Inc.

All rights reserved. No part of this book may be reproduced in any form without permission in writing from the publisher, except by a reviewer.

First Edition

Editor: Sarah Machajewski
Book Design: Katelyn Heinle
Translator: Marcela Brovelli

Photo Credits: Cover Witold Skrypczak/Lonely Planet Images/Getty Images; pp. 4, 5 RAYMOND ROIG/AFP/Getty Images; p. 6 Dr Paul A Zahl/Photo Researchers/Getty Images; p. 7 Smit/Shutterstock.com; p. 8 (true form fossil) Marcio Jose Bastos Silva/Shutterstock.com; p. 8 (mold fossil) Tom Grundy/Shutterstock.com; p. 9 (cast fossil) Sombra/Shutterstock.com; p. 9 (trace fossil) Julio Embun/Shutterstock.com; p. 10 Bill Florence/Shutterstock.com; p. 11 Stephen J Krasemann/All Canada Photos/Getty Images; p. 12 Imfoto/Shutterstock.com; p. 13 Homebrew Films Company/Gallo Images/Getty Images; p. 15 Harold Brodrick/Science Source/Photo Researchers/Getty Images; p. 17 (rock texture) Geoff Hardy/Shutterstock.com; p. 18 Ariadne Van Zandbergen/Lonely Planet Images/Getty Images; p. 19 TOM MCHUGH/Photo Researchers/Getty Images; p. 21 Sumikophoto/Shutterstock.com; p. 22 Anthony Bradshaw/Photodisc/Getty Images.

Library of Congress Cataloging-in-Publication Data

Coleman, Miriam, author.
  Lo que los fósiles nos enseñan sobre la Tierra / Miriam Coleman, translated by Marcela Brovelli.
    pages cm. — (Las Ciencias de la Tierra: detectives de nuestro planeta)
  Includes index.
  ISBN 978-1-4777-5772-7 (pbk.)
  ISBN 978-1-4777-5774-1 (6 pack)
  ISBN 978-1-4777-5777-2 (library binding)
  1. Fossils—Juvenile literature. 2. Paleontology—Juvenile literature. 3. Formations (Geology)—Juvenile literature. I. Title.
  QE714.5.C655 2015
  560—dc23

Manufactured in the United States of America

CPSIA Compliance Information: Batch #WS15PK: For Further Information contact Rosen Publishing, New York, New York at 1-800-237-9932

CONTENIDO

EN BUSCA DE HUELLAS DE FÓSILES

La Tierra está llena de huellas de su pasado. Así como los ladrones a veces dejan sus huellas, las plantas y los animales que vivieron hace mucho tiempo también dejaron huellas, conocidas como fósiles. Los científicos que estudian estos fósiles se llaman paleontólogos.

Los paleontólogos son como detectives. Buscan fósiles para descubrir qué clase de criaturas vivían en determinadas áreas y las plantas que allí crecían. Usan estas huellas para aprender más acerca de cómo era la vida hace cientos de millones de años, antes de la llegada de los seres humanos, y cuándo y por qué desaparecieron algunas especies. También usan estas huellas para descubrir cómo ha evolucionado la Tierra a través de los años.

El paleontólogo utiliza herramientas especiales para excavar restos fósiles.

Cuando buscan fósiles, los paleontólogos deben trabajar despacio y con cuidado ya que los fósiles son muy delicados.

¿QUÉ SON LOS FÓSILES?

Son restos de plantas y animales que vivieron al menos hace 10,000 años. Los fósiles son **evidencia** de la vida prehistórica, antes de que el hombre comenzara a llevar registros por escrito.

Pueden ser fósiles los huesos y conchas de animales, las hojas y semillas de plantas, o incluso las pisadas y rastros que perduraron con el tiempo. La mayoría de los fósiles proviene de las partes más duras de animales y plantas, porque tienden a conservarse más tiempo que las huellas o partes más blandas del cuerpo. Igualmente, un animal que queda atrapado en alquitrán o **resina** puede ser un fósil.

Este insecto fue atrapado en resina hace millones de hace años.

De lejos, esto bien puede parecer una simple roca pero, en realidad,
presenta rastros de una criatura que existió hace mucho tiempo.

CLASES DE FÓSILES

Existen cuatro clases principales de fósiles. Todas contienen importantes pistas acerca de la civilización de la Tierra.

Un fósil puede ser el cuerpo entero de una criatura o solo sus partes. Los moldes fósiles son **impresiones** de plantas o animales que quedaron sepultados en barro, arcilla, u otro material y se convirtieron en piedra. Si estos fósiles tienen forma ahuecada y se les puede poner algo dentro, se los denomina contramoldes.

PARA QUE SEPAS

Los coprolitos son excrementos de animales fosilizados. ¡A veces, dentro de un coprolito pueden encontrarse fósiles de otros animales!

fósil de cuerpo entero

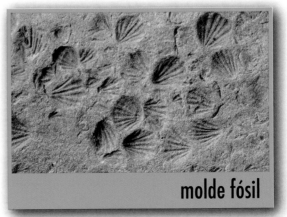

molde fósil

Cuando los **minerales** llenan esos huecos o moldes y se endurecen, toman la forma de las distintas impresiones, creando un contramolde. Finalmente, los rastros fósiles son pisadas, huellas, túneles, o cualquier otra evidencia que los animales dejan a su paso.

el rastro fósil

contramolde

El hecho de que los fósiles tengan diferentes formas y apariencias nos enseña mucho acerca de cómo fueron variando las condiciones sobre la Tierra a través del tiempo.

Los huesos, conchas y dientes de los animales son tan duros que perduran con el paso del tiempo. Y se transforman en fósiles cuando los minerales los convierten en roca.

En otros casos, minerales como el cuarzo, la pirita, o el sílice toman el lugar de las partes originales de un **organismo**, convirtiéndolo en más duro y fuerte. La madera petrificada es un ejemplo de este proceso. En los rastros de fósiles, las huellas que dejan los animales sobre el barro se endurecen hasta convertirse en roca.

Animales enteros, como el mamut lanudo, han quedado congelados bajo la tierra. Estos singulares fósiles presentan la piel, los **músculos**, y el pelaje en buen estado de preservación.

PARA QUE SEPAS

La madera petrificada es leña antigua cuyo material orgánico, después de desintegrarse, se llenó de minerales. ¡Este proceso natural ocurre sin la intervención del hombre!

Es difícil imaginar que los mamuts lanudos alguna vez habitaron la Tierra, pero los fósiles no mienten. Además de comprobar la existencia de estas criaturas, este fósil nos confirma que en la Tierra existían las condiciones propicias para sostener la vida de estos animales.

¡MATERIAL SEDIMENTARIO!

En la Tierra ha habido incontables plantas y animales, pero no todos han dejado restos fósiles. Para que un organismo se convierta en fósil, debe quedar sepultado antes de que otros animales lo devoren o la inclemencia del tiempo lo destruya.

El lodo y la arena que cubren los restos de un organismo se llama sedimento. Éste se apila en **capas** hasta cubrir los restos por completo. Luego, la **presión** de las capas convierte el sedimento en piedra o roca sedimentaria y ésta puede **preservar** el fósil por millones de años.

PARA QUE SEPAS

El esquisto y la caliza son dos tipos de roca sedimentaria en las que suelen encontrarse restos fósiles.

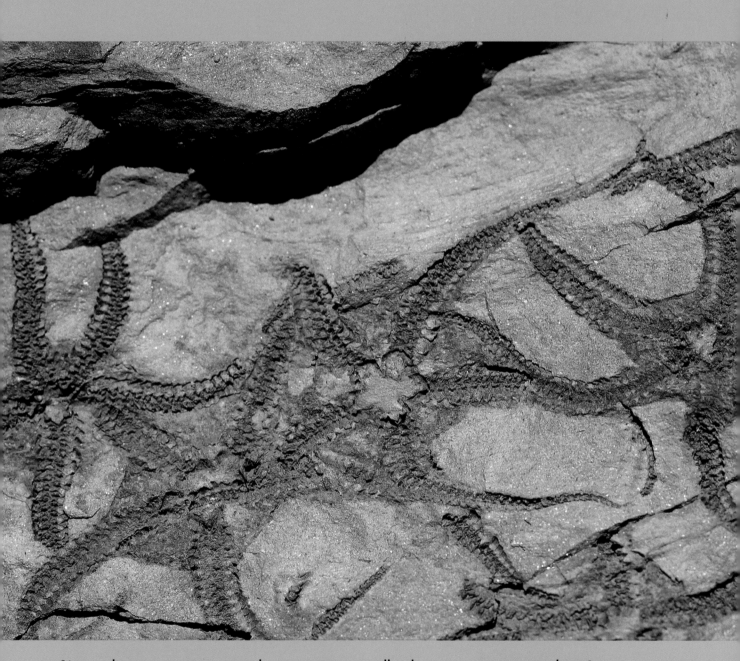

¿Cómo pudieron encontrarse restos de estas antiguas estrellas de mar en rocas y no en el mar? Estos fósiles muestran que esta parte de la Tierra alguna vez estuvo cubierta por agua.

ZONAS DE FÓSILES

En casi toda la Tierra se han encontrado fósiles pero en algunos lugares, más que en otros. La Formación Morrison es una extensa área rocosa de Estados Unidos, que una vez estuvo cubierta por ríos. Allí quedaron sepultados y preservados dinosaurios, como el *Diplodocus*, el *Apatosaurus* y el *Stegosaurus*. Estos fósiles pueden verse en el Dinosaur National Monument.

En la provincia Liaoning, en China, hay miles de restos fósiles de dinosaurios, pájaros y mamíferos. Los animales que allí morían eran arrastrados hacia la corriente y quedaban sepultados bajo la ceniza volcánica. ¡Los fósiles se han preservado tan bien que en el estómago de algunos animales todavía se pueden ver piel, plumas y restos de comida!

PARA QUE SEPAS

El esquisto de Burgess, en las Montañas Rocosas en Canadá, es un antiguo lecho marino con fósiles muy singulares de diferentes clases de animales de cuerpo blando, de hace 505 millones de años.

Los dinosaurios vivieron durante un tiempo en la historia conocido como la era Mesozoica.
Los científicos utilizan fósiles de dinosaurios bien preservados para estudiar cómo era la Tierra en ese entonces.

LEVANTAMIENTO Y EXPOSICIÓN

La mayoría de los fósiles nunca se van a poder encontrar porque están en rocas sepultadas profundamente. Sin embargo, las fuerzas del interior de la Tierra causan que su superficie cambie y algunas rocas que antes estaban sepultadas salgan a la superficie. Este proceso se conoce como levantamiento.

A medida que el viento, el agua y el hielo desgastan las capas de las rocas, los fósiles quedan **expuestos**. Cuando esto ocurre, los paleontólogos deben hallarlos rápidamente. Una vez que estas capas que cubren los fósiles desaparecen, estos quedan desprotegidos ante el clima y otras fuerzas naturales. Si nadie encuentra estos fósiles en seguida, se perderán para siempre.

El levantamiento y la exposición son parte del ciclo de la roca. En este ciclo, las rocas se forman y desintegran. Este proceso, además de dar fósiles, brinda a la Tierra los minerales necesarios para la supervivencia de los seres vivos, materiales de construcción que la gente puede utilizar, y belleza natural que las personas pueden disfrutar.

EL CICLO DE LA ROCA

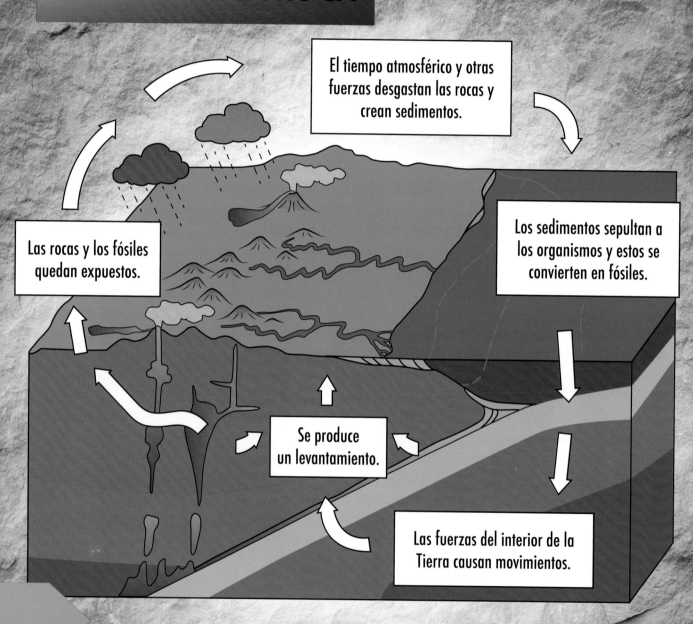

El tiempo atmosférico y otras fuerzas desgastan las rocas y crean sedimentos.

Los sedimentos sepultan a los organismos y estos se convierten en fósiles.

Las rocas y los fósiles quedan expuestos.

Se produce un levantamiento.

Las fuerzas del interior de la Tierra causan movimientos.

El hallazgo de fósiles modificó en gran medida la forma de entender la historia de la Tierra. En 1676, alguien descubrió un enorme hueso y en un principio se pensó que era de un hombre gigante. Eventualmente, los científicos concluyeron que un resto semejante, en realidad, era de una criatura tan diferente que merecía un nombre propio, lo llamaron dinosaurio.

PARA QUE SEPAS

Los fósiles del cuerpo de Lucy revelan que caminaba en dos piernas. Los científicos comprobaron esto observando la unión y el movimiento de los huesos.

Cuando los paleontólogos juntaron los huesos de Lucy, se dieron cuenta de que eran de gran parecido a los de un ser humano contemporáneo.

En 1861, se halló en Alemania un fósil de *Archaeopteryx*, el pájaro alado más antiguo. Los paleontólogos descubrieron que la criatura tenía plumas y esto les hizo pensar que los pájaros podrían descender de los dinosaurios. En 1974, en Etiopía se encontraron los restos de un **ancestro** humano de 3,200,000 años de antigüedad. Este fósil, apodado "Lucy," brindó importante información acerca del desarrollo humano.

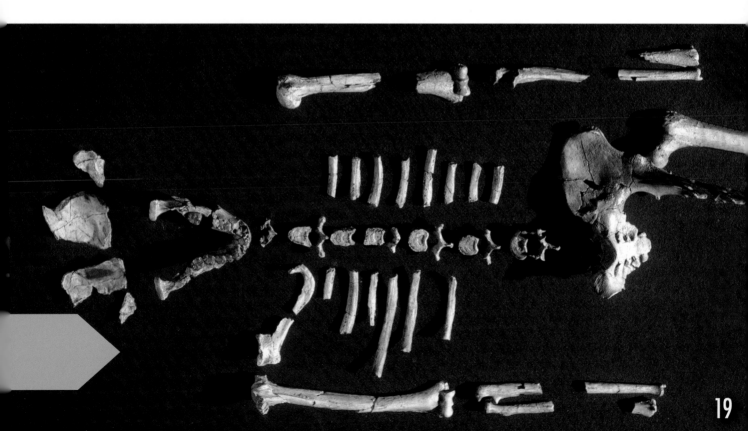

ANTIGÜEDAD DE LOS FÓSILES

Los paleontólogos usan distintos métodos para averiguar la antigüedad de los fósiles. Uno de estos métodos, es observar las capas de rocas sedimentarias. Debido a que las capas de la base se depositan primero, los fósiles hallados allí son los más antiguos. Los fósiles de las capas más altas son más recientes. Si otro tipo de roca atraviesa esas capas, el paleontólogo sabe que las fuerzas de la Tierra empujaron la roca después de que el resto de las capas se había formado. Esto hace que esa capa sea la más reciente de todas.

Los científicos pueden calcular una edad más precisa de fósiles y rocas midiendo la cantidad de carbono que estos tienen. Este proceso se llama datación por carbono.

¿Qué esconden las coloridas capas de esta roca? Puede que contengan pistas acerca de la vida en el pasado.

PRESERVAR EL PASADO DE LA TIERRA

Solo un pequeño número de criaturas deja restos fósiles. Estos permiten resolver muchos misterios acerca del pasado de la Tierra. Nos muestran cómo eran las plantas y los animales, cuándo vivieron, y cuándo desaparecieron.

Los fósiles también nos permiten saber cómo ha cambiado la Tierra. Fósiles de helechos que se encontraron en zonas frías nos revelan que esa misma zona fue más cálida en otro tiempo. Los mismos fósiles encontrados en océanos distantes, sugiere que anteriormente los continentes estaban más próximos unos a otros. En un futuro, ¿qué podría deducirse acerca de la Tierra de los fósiles que se están formando en la actualidad?

GLOSARIO

ancestro: Persona o animal que existió antes que los integrantes de su árbol familiar.

capas: Cada una de las partes que superpuestas constituyen un objeto o lo recubren.

evidencia: Hechos, datos o información que prueban que algo es cierto.

exponer: Dejar algo al descubierto o desprotegido.

impresión: Marca que deja la presión o fuerza de algo.

mineral: Materia inorgánica de la naturaleza.

músculo: Conjunto de tejidos que permiten a los animales o a las personas mover las partes del cuerpo.

organismo: Planta, animal u otro tipo de vida.

preservar: Mantener algo en su estado original o actual.

presión: Fuerza que actúa sobre un cuerpo.

resina: Líquido pegajoso que algunos árboles producen para cubrir orificios de la corteza.

ÍNDICE

SITIOS DE INTERNET

Debido a que los enlaces de Internet cambian a menudo, PowerKids Press ha creado una lista de los sitios Internet que tratan sobre el tema de este libro. Este sitio se actualiza con regularidad. Por favor, usa este enlace para ver la lista: www.powerkidslinks.com/det/foss

D1449337